Jugendtage

Gedichte

AF221136

E. V. A.

Herstellung und Verlag: BoD- Books on Demand,
Norderstedt
ISBN: 978-3-7526-4788-4

Inhaltsverzeichnis

I. Leben und Streben

Nur Worte

Ich hab mir sagen lassen
von Leuten hier und dort,
die Welt sei nicht zum spaßen,
sondern ein ernster Ort.

So sprachen sie nun nah und fern,
ich weiß nicht, was sie dachten,
doch als ich sagte:
« Ich leb hier gern »
da tobten sie und lachten.

Nun gut! – gestand ich mir dann ein,
so viel darf man auf's Wort nicht geben!

Denn wie nur konnt ein Wort allein,
die Stimmung all der Toren heben?

Macht

Mir schien es einst: Wissen macht glücklich!
Doch merkte ich wohl: Wissen ist Macht!
Diese Erkenntnis schier erdrückt mich,
da auch Macht nicht glücklich macht.

Wie viele Majestäten leiden,
weil sie von ihrer Macht erdrückt;
mit Grauen ihren Weg beschreiten,
am Ende ist ihr Kreuz gebückt.

Und jene, die die Macht nicht haben?
Ja, jene könnten glücklich sein.
Doch leider tragen jene Narben,
von Armut, Schmerz; von Schweiβ und Pein!

So ist des Lebens ew'ger Lauf.
Das höchst Gesetz wohl hier auf Erden.
Man wird geboren und getauft.
Und kann danach nicht glücklich werden!

Im Schatten

Oh große Welt, wie bist Du klein.
Birgst in Dir kluge Männer.
Die glauben auch, ganz groß zu sein,
sind echte Weltenkenner!

Sie kennen Nachbarn, Stadt und Land.
Sind vielleicht auch noch bekannt.
Genießen so des Lebens Zeit
in ihrer Einzigartigkeit.

Wir sind dagegen kleine Lichter.
Ihnen zu dienen, unser Glück.
Neigen ergeben die Gesichter.
Hoffen, für uns fällt ab ein Stück.

Ein Stück vom Ruhme, übriggelassen.

Doch sieh, was wir bei dieser Suche
vom großen Glück täglich verpassen!

So-nett

Freiheit! … schreit mein Geist,
übrig davon bleibt,
Rohheit dieser Zeit!

Unglück schon seit Tagen,
Toren, die mich plagen und
einfach zu viel fragen!

Vor Jahren schon geboren,
ist Zweifel stets präsent.
Ein Meer von Pflicht und Sorgen,
Leiden, dass keiner kennt!

Grauer Schein des Lebens
liegt auf meinem Aug'–
Über mich ergeht es,
charakterlos und laut:

« KEINER KENNT MICH SO WIE ICH »

Traumland

Ich hab geträumt, es gibt ein Land,
in dem kein Können wird verkannt.
In dem die Menschen ohne Streben
führen ein erfülltes Leben.

Lass uns doch dieses Traumland suchen,
und Schlösser in die Wolken bauen!
Lass uns mit Moral und Tugend,
einfach nur uns selbst vertrauen!

Lass uns Brücken dort errichten,
Lass uns festen Schrittes gehen,
Auf gestern lass uns heut verzichten,
Schau nach vorne, bleib nicht stehen!

Doch Du meinst, dass ginge nicht.
Ein solches Land sei Utopie.
Die Kraftanstrengung lohne nicht.
…
So finden wir das Traumland nie!

«Ich fühle, also bin ich»

Jetzt sitze ich schon wieder hier,
der schwarze Stift schändet's Papier.
Fragen bahnen sich mit Schmerz,
ihren Weg vom Hirn ins Herz.

Dort legen sie sich schwer wie Blei,
in Höfe, Kammern – einerlei,
und zeigen so dem Menschenkind,
wie vergänglich Menschen sind.

Doch weil man nicht nur lebt und liebt,
sondern auch nach Höh'rem sieht,
versucht die Fragen man zu klären
und lässt sich dazu gern belehren.

Von Doktoren und Theologen,
und wird dabei gern belogen.
So merkt man dann am Ende wohl:
« Es ist so, weil's so sein soll! »

Wem die Erkenntnis hier auf Erden,
nicht reicht, der kann nicht glücklich werden.
Denn diese Wahrheit ist das Ziel:

« Ich bin Mensch, weil ich so fühl! »

Wir

Ihr schaut mich an.
Der Vorwurf schreit.
Ein Leben lang,
immer bereit!

Bereit zu quälen.
Bereit zu leiden.
Ich kann nicht wählen.
Ich kann nur meiden.

Ich kann nicht handeln.
Ich kann nicht ruhen.
Welch große Schande.
Was nun tun?

Was tun, wenn die Schranken
mir verweigern alle Schritte.
Nach vorne wankend,
doch immer in der Mitte.

In der Mitte von nichts.
In der Mitte von allem.
Ins Dunkel? Ins Licht?
Provozieren oder gefallen?

Nun schau ich Euch an,
ohne Liebe, ohn' Streben.
Kann nichts verlangen –
Denn auch Ihr könnt nichts geben.

Leben oder Jenseits

Ihr sagt, ich führ ein schlechtes Leben,
Entspricht's doch nicht der Norm.
Mit meinem Denken und Benehmen
ginget Ihr nicht konform!

Ihr sagt, ich soll mein Handeln ändern,
sonst könnt ich nicht bestehen,
würde im Meer erfolglos kentern,
nie wieder Festland sehen!

Ihr sagt, ich solle angepasst
an Euch mein Ziel erreichen.
Sonst wär ich allseits nur verhasst,
könnt Eurer Macht nicht weichen.

Erzählt mir von der langen Zeit
in einem Jenseits – droben!
Und sei ich nicht für Euch bereit –
wird Zutritt mir verboten!

Ihr sagt, dann lande ich im Feuer
und leide tausend Qualen.
Im Kampf gegen das Ungeheuer
müsst ich die Schuld bezahlen!

Doch sag ich Euch: Warmes Gebein
ist nicht dazu geboren,
schon auf der Erde tot zu sein!
– Lieber im Jenseits schmoren! –

Mein Schatz

Mein Schatz, Du bist ein Philosoph!
Ein Dichter der Moderne!
Jeder Satz gleicht einer Stroph'
des Liedes aus der Ferne.

Du sagst, dass unser Weg
– zwar krumm –
uns nach vorne führe!

Und doch kommt immer ein «Warum?»
von mir – weil ich's nicht spüre.

Mein Schatz, Du bist ein Künstler!
Ein Magier ohne Hut und Stab!
Versuchst mir wegzuzaubern,
dass hinter uns ein Kreis nur lag.

Mein Schatz, Du bist ein Liebender!
Versuchst alles zu halten,
was Dir das Leben hat beschert.
Willst über Zweifel walten!

Du weißt, ich bin ein Pessimist –
der's Leben nicht einfach genießt!

Ich weiß nicht, was nun besser ist –
weil doch aus Zweifel Wahrheit sprießt!

Warum

Warum quält mich mein Gewissen,
foltert mich die Angst?
Warum kann ich nur vermissen,
was ich doch nie erlang?

Warum hoffe ich auf Morgen,
leb nicht im Hier und Jetzt,
mach ich mir so viele Sorgen,
fühl ich mich verletzt?

Warum will ich nicht mehr lachen?
Und lach am Ende doch!
Warum will ich nichts mehr machen?
Und tu's jetzt immer noch!

Mein ganzes Leben – eine Frage,
mein Leben – eine Lüge!
Ein Zustand, den ich nicht ertrage,
weil ich mich selbst betrüge!

II. Familie und Freunde

Kindertage

Denk zurück an jene Zeit,
an Wonne und an Seligkeit,
an des Lebens Sonnenschein,
an das « Nur-einfach-glücklich-sein » !

Siehst Du Dich noch im Wald
«Soldat» oder «Familie» spielen?
Ärgerst Dich – denn bald,
sollst Du wieder «nach Hause» gehen!

Die Zeit vergeht einfach so schnell,
jetzt sind wir längst erwachsen.
Nun ist es leider nicht mehr Spiel.
Wir können es nicht fassen!

Der Mann geht wirklich zur Armee,
Die Frau hütet die Kinder,
Jetzt möcht ich gern «nach Hause» gehen,
Doch nun bin ich verhindert!

Darum genieße jene Zeit,
die mit Familie Du verbringst.
Ein Augenschlag, dann ist's so weit,
dass Du selbst mit dem Tode ringst!

Oma

Deine Wangen so weich.
Deine Hände so warm.
Deine Blicke so reich.
Deine Mimik so zahm.

Wie eine Blüte,
so tausendfach schön.
Strahlst durch Deine Güte,
willst alle verwöhnen.

Gibst allen die Liebe,
die sie verdienen.
Gibst allen Dein Ohr,
wie Dir keiner zuvor.

Der Sinn Deines Lebens –
Der Sinn Deines Seins –
Ist Dein Herz zu geben –

Und ich gebe Dir meins!

Reise

Ich hielt im zarten Scheine
der Sonne Deine Hand.
Zusammen – ganz alleine,
durchstreiften wir das Land.

Wir zogen durch die Wälder.
Wir suchten unser Ziel.
Mal war es warm, bald kälter.
Wir sahen dabei viel.

Haben genug gesehen.
Die Gier nach Neuem 'lischt.
Vor einer Grenze stehend,
schauen uns ins Gesicht.

Was bleibt ist das Empfinden.
Was bleibt ist auch der Bund.
Nichts bleibt noch zu ergründen.
Die Reise war der Grund.

Sie half mir zu verstehen
an einem schönen Tag,
dass wir zusammen gehen

nicht weil ich liebe – weil ich mag!

Ich kenne Dich nicht

Du reichst mir die Hand,
zum Gruß und zum Dank.

Berührst meine Haut,
so zart und vertraut.

Du hörst meine Reden,
kannst Freude mir geben.

Siehst meine Augen,
kannst Blicke mir rauben.

Du kennst mein Leben,
mein Hoffen und Streben.

Doch was ist mit Dir?

Was zeigst Du mir?

Kenne ich Dich?

—

Nein, ich glaub nicht!

Loslassen

Freunde waren wir – viele Jahre lang!
Jetzt sitzen wir nun hier –
und schauen uns fragend an.

Die Zeit hat uns geformt – durch Freude, Liebe, Leid.
In Förmchen, wie genormt –
gedrückt, zu nichts bereit.

Wo ist es hin dieses Gefühl
des Aufstands und der Wehr?
Was uns früher am Leben hielt –
wir spüren es nicht mehr!

Geknickt, gefaltet, eingepackt – ist uns're Seele heut.
Und doch hilflos, splitternackt –
Das Damals schon bereut?

Wie konnte es so kommen?
Wir haben's nicht gemerkt.
Die Zukunft winkt verschwommen …
vom Damals noch gestärkt …
merk ich, es war der bess're Weg,
auch wenn durch Steine schwer.

Hier haben wir nun den Beleg:
Besser wird's nicht mehr.

Und nun, da ich endlich erkannt,
entfaltet sich mein Geist.
Die alten Fesseln er verbannt,
mit mir durchs Leben reist.

Wenn Du's nicht kannst, so sei gewiss,
vergess ich nie die Zeit,
als Neugier uns durchs Leben riss –
als wir waren zu zweit.

Jetzt stehe ich alleine hier –
Der Abschied viel mir schwer.

Doch hab ich's wieder das Gefühl
des Aufstands und der Wehr!

Vögelein im goldenen Haus

Mein Vögelein komm zu mir!
Sing mir Dein schönstes Lied!
Den goldenen Käfig nehm ich Dir.
Und Dich? – Dich nehm ich mit!

Zu lange hab ich zugeschaut,
gesehen wie sie quälen.
Keiner dem Du je vertraut,
auf keinen kannst Du zählen!

Komm, flieg mit mir zum Licht hinauf!
Lass uns die Freiheit spüren!
Den Absturz nehme ich in Kauf.
Lass mich ins Glück Dich führen!

Und wenn wir oben angekommen,
dann lasse ich Dich gehen.
Denn da wir uns so gut gesonnen,
werd ich Dich wiedersehen!

Ohne Ketten fliegen wir
in ew'ger Leichtigkeit.
Ich weiß, Du kommst zurück zu mir,
dort drängt uns keine Zeit!

Doch hier hockt sie uns im Genick.
Entscheid Dich daher schnell!
Denn hier drehen sie uns den Strick,
der uns gefangen hält!

Ach, merk ich's wohl – mein Vögelein.
Der Käfig springt nicht auf!
Das Schloss ist nur noch da zum Schein,
verriegelt ist der Knauf.

Ich vergesse nie das Lied,
dass Du mir damals sangst.
Als frei wir waren – und verliebt,
dass ewig süß mir klang!

Mach's gut mein Schatz im goldenen Haus –
Ich kann hier nichts mehr tun!
Mich zieht es in die Welt hinaus.
Mein Herz? – Kommt nicht zur Ruh!

Ozean des Lebens

Ein Schiff ist unsere Seele –
allein im offenen Meer.
Ein Schiff mit tausend Segeln –
wiegt sie sich groß und schwer!

Sie ist das einzig wahre Gut,
dass je wir «unser» nennen.
Gestützt auf Treue, Herz und Mut –
lehrt sie uns erst das Schwimmen!

Dies Schiff trifft auf der langen Reise
zigtausend seiner Art.
Doch auf unterschiedlich' Weise
begleiten sie die Fahrt.

Viele nimmt man gar nicht wahr.
Ein paar lässt man zurück.
Die anderen bilden die Schar,
mit der wir fahren wollen –

ein Stück!

III. Liebe und Leid

Vergangen

Ich saß im grünen Grase,
genoss den Schatten – kühl.
Umkreist von einer Straße,
zwar laut – doch es gefiel!

Ich war umringt von Leuten,
in der Schlange stehend.
Um mich die wilde Meute –
jedoch ich fand es schön!

Ich sitz im Kerzenscheine,
mit Dir im Abendrot.
Verzeih mir, dass ich weine –

Ich wünschte, ich wär tot!

Mein Herz, bleib mir treu

Sei still, mein Herz!
Verrat mich nicht!
Erträgst den Schmerz!
Schütz ihn vorm Licht!

Ein Leben lang hältst Du zu mir!
Der einzig' Freund, der immerdar.
Ein Leben lang halt ich zu Dir!
So wie es ist, und wie es war.

Bestimmst mein Leben!
Und ich Dein's!
Ein Geben und Nehmen –
und so bleibt's!

Machst mir jetzt Sorgen,
denn Du schmerzt.
Denk nicht an morgen!

Lebe, mein Herz!

Kein Glück

Morgens – Ruhe
Am Tage – Ruhe
Am Mittag und am Abend – Ruhe!

Morgens – Einsamkeit
Am Tage – Einsamkeit
Am Mittag – Einsamkeit
Am Abend – Du!

In der Nacht – Leben
Dann wieder Ruh!

Ist das Leben?
Mein Leben?
Der Sinn?

Es hilft zu vergessen – in der Nacht.
Es hilft zu träumen – am Tag.

Und doch:

ES IST KEIN GLÜCK!

Als ich rief

Es tut so weh,
den kalten Blick auf meiner Haut zu spüren.

Es tut so weh,
wird er mein Flehen je erhören?

All seine Lügen schmerzen so sehr.
Er kann mich betrügen,
doch täuschen nicht mehr!

Die Schwüre von gestern,
sind längst nicht mehr wahr.
Wir nähr'n uns von Resten.
Bald ist gar nichts mehr da!

Dein Mund spricht die Lüge,
Dein Auge die List.
All Deine Züge –
Ob das noch Du bist?

Ich bin so getroffen.
Verwundet so tief.

Mein Flehen, mein Hoffen,
hörtest Du nicht,

als ich rief!

Weil ich lieben kann

Bin ich schlecht,
weil ich Liebe suche?
Bin ich schlecht,
weil ich sie noch nicht fand?

Bin ich anders als die ander'n,
weil ich lieben kann?

Bist Du meine Liebe?
… oder gar mein Glück?
Du kannst es mir nicht sagen.
Ich weiß es auch nicht!

Ich kann nicht länger nach den Antworten suchen!
Gekämpft habe ich – zu lang.
Ich brauche Erholung.

Erholung
Von Dir!
Von mir!
Von uns!

Erholung
Für Dich!
Für mich!
Für uns!

Kein Spiel

Ich kämpf mit den Gefühlen,
und gegen dieses Leid.
Ich kann nicht länger spielen,
nicht nach all der Zeit.

Mit schönen Worten lockst Du,
entfachst damit die Gier.
Wer ahnte es, doch im Nu,
gehört die Seele Dir.

Ist sie gut aufgehoben?
Ich weiß es heut noch nicht.
Weiß, wird sie weggeschoben,
weiß, dass sie ganz zerbricht!

Der NEUE

Der NEUE – steht da und lacht,
lacht tausendmal schöner … als Du!

Der NEUE – sitzt da und spricht,
spricht tausendmal schöner … als Du!

Der NEUE – lacht nicht nur für mich!
Der NEUE – spricht nicht nur für mich!

Der NEUE – liebt nicht nur mich!

Ganz anders,
Ganz anders
…

als **DU**!

Du weißt es nicht

Ich rede!
Rede mit Dir!
In meinen Gedanken, sprichst Du auch mit mir.

Ich sehe!
Sehe nur Dich!
In meinen Träumen, siehst Du auch mich.

Ich denke!
Denke an Dich!
Ich stell mir die Frage: Denkst Du auch an mich?

Ich fühle!
Fühle nur Dich!
Meine Seele berührst Du. Spürst Du auch mich?

Ich liebe!
Liebe nur Dich!
Von ganzem Herzen – Doch Du weißt es nicht!

Sie ist fort

Sanftes Umarmen – Erdrückender Blick.
Kein Erbarmen – Verfehlt um ein Stück.

Einander erzählt – Kühl abgenickt.
Einander gequält – Und nichts ist geglückt.

Der Andere im Herzen – Du hinter der Stirn.
Der Andere macht Schmerzen –
Du willst mir gehören.

Du im Gewissen – Er in der Lust.
Dich will ich missen – Er tut's getrost.

Ihn will ich lieben – Dich mögen sehr.
Der Fluss wird versiegen – Gewinnen? – Nie mehr!

Hab nicht mehr die Kräfte,
zu kämpfen ums Glück.
Verzehr noch die Reste.

LIEBE KOMMT NICHT ZURÜCK!

Meine Seele verbrennt

Ich wühle in meinen Erinnerungen.
Meine Seele will verbrennen – Sie will!
Ich will den Schmerz!
Das Feuer erwächst den Resten der Glut –
Ein anderes Feuer – heißer!

Es ist viel passiert. Seitdem.
So viel – und doch nicht anders!
Das gleiche Lied – Das alte Leid.
Und meine Seele? … sie will verbrennen!
… sie will den Schmerz!

Lange Zeit habe ich verdrängt. Ignoriert. Dich!
Dabei habe ich Dich einst so geliebt
… und …
gehasst!

So viel Gefühl – einfach ignoriert?
Und jetzt?
…
Es holt mich ein!
Es zerstört mich!
Ich zerstöre mich!

Und meine Seele?

Sie verbrennt!

DU

Du spürst sie nicht – meine Blicke.
Sie ziehen Dich zu mir – und doch,
Du bleibst stehen.

Du spürst es nicht – mein Herz,
dass für Dich schlägt.
Es zerreißt, wenn Du nicht bei mir bist.
Es zerreißt, wenn Du bei mir bist.

Mein Leben steht.
Steht, weil es Dich gibt.
Ja – Dich gibt es.
Doch nicht für mich!

Mein Herz es schlägt.
Gegen meinen Willen.

Wer weiß?

Vielleicht ja doch nicht umsonst.

Mit Dir

Dir widme ich die Worte.
Dir gebe ich mein Herz.
Träume vom fernen Orte,
ohne Kummer, ohne Schmerz.

Dir will ich alles geben,
und bitte lass es zu.
Den Rest meines Lebens.
Du lässt mir keine Ruh!

Mit Dir die Welt erleben,
am Tag und in der Nacht.
Zusammen mit Dir streben
und meistern jede Schlacht.

Meine Hand in Deine legen
und schließen meinen Blick.
Find nur bei Dir den wahren Segen –
und nur bei Dir mein Glück!

Hass und Wut

Einst liebte ich abgöttisch,
in jungen Jahren schon.
Neider sahen's spöttisch,
erntete viel Hohn.

Die Zeit verging allmählich.
Doch die Liebe auch.
Ganz langsam und gemächlich,
flog sie aus Herz und Bauch.

Liebe, welch naives Ding.
Ich glaub nicht mehr daran.
Tauschte einen silbern' Ring.
Doch was passierte dann?

Ich werd nie wieder einen finden,
für den ich so viel fühl.
Doch ist zu mir auf Erdengründen
auch keiner mehr so kühl!

Heimlich lieben

Du hast sie besucht.
Ach **Gottchen** war das schön!
Bekamt gar nicht genug,
einander anzusehen.

Ihr habt viel geredet.
Ach **Himmel** war das toll!
Worte, die gesegnet,
hätten werden sollen.

Ihr habt Euch geliebt.
Engelsgleich seid Ihr geflogen!
Erfuhrt da höchstes Glück.
… Dann wieder angezogen.

Du nimmst sie in den Arm, und meinst

'Du liebest sie unheimlich.
Doch nun müssest Du fahren'

… zu Deiner Frau

– wie **teuflisch**! –

Bitte geh'

Vor Wochen sagten wir noch 'Ja'
zu einer schönen Nacht.
Heute ist's schon nicht mehr wahr,
was Du mit mir gemacht.

Damals sollte ich vergessen.
Ich hab es nicht geschafft.
Damals war ich so versessen.
Mir fehlte jene Kraft.

Da hieltst Du meine Hände,
und rietst mir, stark zu sein.
Zigtausend Wahrheitsbände
fuhren mir durchs Gebein!

Sie ließen mich erfahren,
wie trügerisch der Schein.
Sie wollten offenbaren:
Wirst glücklicher allein!

Sie halfen mir vergessen,
was jene Nacht geschah.
War nicht mehr wie besessen,
von dem was wir getan.

Heut, da dies alles vorbei,
heut möchtest Du mich sehen?
Ich versprech, dass ich verzeih –
doch bitte Dich, zu gehen!

Deine Stimme

Deine Stimme – ein Traum am Tag!
Sie hat alles was ich mag.
Sie ist wie Feuer – im eisigen Kühl.
Sie ist alles was ich will!

Wenn Du sprichst – so tief und klar,
machst Du damit Träume wahr!
Ich liebe jedes Wort von Dir –
nährst damit der Sehnsucht Gier.

Sie alle treffen direkt ins Herz,
ob nun aus Liebe oder Scherz –
Sanft gesprochen aus Deinem Mund,
tun sie alle Wahrheit kund.

Darum mein Schatz, rede mit mir!
Stunden, Tage lausch ich Dir!
Denn Deine Stimme ist mein Leben –
Mehr kannst und brauchst Du mir nicht geben!

Das war einmal

Es war einmal…
Da blühten die Wiesen und da duftete die Welt.

In dieser Zeit trug es sich zu, dass zwei einsame Herzen den Weg zueinander fanden. Sie liebten einander und brauchten sich, wie der Tag die Nacht.

Sehr lange schien die Sonne in ihrer perfekten Welt. Die beiden Herzen schworen sich ewige Liebe und Treue.

Doch es begab sich, dass dicke Wolken die Sonne verdunkelten. Die Dunkelheit kam über Nacht.

Die Herzen spendeten sich Wärme und Trost. Doch die Wolken blieben und die beiden Herzen wurden immer trauriger.

So beschlossen sie eines Tages, loszuziehen und die Dunkelheit zu bekämpfen. Um schneller voranzukommen, gingen sie allein.

Sie wanderten Tage und Nächte ohne Schlaf; fast bis zur Besinnungslosigkeit. Sie merkten nicht, dass sie die Grenzen ihres Landes schon längst überschritten hatten. Kaum noch ein Gedanke an den anderen kam ihnen in den Sinn.

Nun ja, und da die Welt auch mehr als zwei Herzen in sich birgt, trug es sich zu, dass jedes, nahezu zur gleichen Zeit, auf besiedeltes Gebiet stieß. Sie wurden jeweils mit offenen Armen empfangen. Jedermann mochte sie, denn ihre Seelen waren rein und ihre Worte ehrlich.

Die Herzen fassten schnell Vertrauen zu den neuen Freunden. Dankbar teilten sie ihre reinen Seelen.

Eines Morgens wachten Sie auf und sahen, dass die Sonne durch die Wolkendecke brach. Es wurde wieder hell um die beiden Herzen. Glück breitete sich in ihnen aus.

Und plötzlich wurde ihnen klar, was geschehen war. Sie spürten, dass sie es nicht mehr rückgängig machen konnten.

Zu weit hatten sie sich voneinander entfernt und zu sehr hatten sie ihr Versprechen gebrochen.

Es dauerte noch eine Weile. Doch irgendwann waren alle dunklen Wolken verschwunden.

Peinlich berührt, denken die beiden Herzen manchmal noch aneinander. Und dann gestehen sie sich ein:

«Das war einmal!»

Liebe auf Distanz

Mein Herz ist gebrochen,
verwundet durch Dich.
Du hattest versprochen,
dass passiert bei uns nicht!

Zwar sagst Du noch immer,
dass Du mich liebst.
Doch macht's dies nur schlimmer,
da es die Sehnsucht nicht stillt!

Wir sehen uns selten,
und wenn, dann nicht lang.
Und doch gelten Regeln,
Immer! – Auch dann,

wenn Du nicht bei mir bist,
und nicht die Hand hältst,
soll ich die sein, die nur Dich küsst,
und Du der, der gefällt!

Das kann man probieren.
Das geht eine Zeit –
geht übers Studieren –
aber geht nur zu zweit!

Endlich

Ein Vogel, der nun fliegen darf –
ist meine Liebe heut.
Ich war so lange viel zu brav –
hab das so oft bereut!

Ein Feuer hast Du nun entfacht –
in Seele, Herz, Verstand.
Im Leben hätt ich nicht gedacht –
dass man so lieben kann!

Und keiner, der es löschen kann.
Nicht einer kann sie halten.
Bekam endlich wonach sie sann –
selbst ich kann nicht mehr walten!

Über diese Leidenschaft –
Niedergang des Willens.
Diese wundersame Macht –
den Durst endlich zu stillen!

Nun ist sie frei – ein wildes Tier!
Verwöhnt und reizt die Sinne!
Löscht nur zu gern des Herzens Gier –
Hört auf die eig'ne Stimme!

Endlich kann sie wieder atmen,
gibt Leben mir zurück.
Vielleicht ja wirklich nur auf Raten.
Doch zahlt sie gut – mit Glück!

Nur ein Wort

Ein Wort – nach dem sich jeder sehnt,
ein Wort – dass sich der Mensch entsann,
ein Wort – wofür sich jeder quält,
doch wirklich nicht nur Wort sein kann.

Ein Gefühl – dies Wort beschreibt,
dass berauscht und auch betrübt,
dass manchen in den Wahnsinn treibt,
und leider auch zu oft nur trügt.

Es gleicht dem irrsinnigen Spiel,
einer Laune der Natur,
einem Irrweg ohne Ziel,
einer Verfolgung ohne Spur.

Wieso nur dreht sich dieses Leben,
um nur dies eine Gefühl,
richtet sich das ganze Streben
danach? … Die ganze Müh?

…Umsonst! Es gibt nichts zu gewinnen!
Nichts! – was für Ewigkeiten währt.
Doch schafft man's nicht, sich zu besinnen…
weil man doch oft auch Glück erfährt!

Das ist der Mensch! Dem Rätsel gleich;
gibt Kleinigkeiten tausend Namen.
Doch diese Sache – vielseitig reich,
darf ein Wort nur für sich haben.

IV. Sehnsucht und Abschied

Happy End

'Das glückliche Ende', von dem jeder spricht.
Schrieb doch schon mancher davon ein Gedicht!
Doch wenn wir mal ehrlich zu uns selbst sind:
Ist unser Herz für jedes Glück blind!

Zwar gibt es im Leben oft schöne Momente.
Die meisten davon sind zu schnell zu Ende.
Und oft wird es uns zu spät klar,
dass dies gerade ein solch schöner war.

Wir irren im Dunkel, selbst am Tag.
Man sagt viel zu selten, was man mag.
Deswegen wird Glück zur Seltenheit.
Und Leben ist viel zu oft Zeitvertreib.

Die größte Erleuchtung erhellt nicht die Nacht!
Die Augen werden am Tag zugemacht!
Nachts suchen sie nach Leichtigkeit –
und nichts bleibt für die Ewigkeit!

Mit diesem Wissen kann ich Leben,
mir meine Idiotie vergeben.
Und wenn der Odem mich nicht mehr kennt,
so wisst, es war ein 'Happy End'.

Wolkenzug

Der Blick aus dem Fenster
berührt mich so sehr.
Die weißen Gespenster
im hellblauen Meer.

Sie ziehen nach Süden
– lautlos und leicht –
Kein irdisches Fliegen
– feengleich –

Ein Fließen und Gleiten,
voran Schritt um Schritt.
Souverän und bescheiden,
ziehen sie mich mit!

Sie sind der Stoff meiner Träume,
meiner Liebe und Glut;
Schaffen meinem Geist Räume,
für gedankliches Gut.

Doch auch die Sehnsucht
wird von ihnen gespeist.
Hab oft schon verflucht,
dass ich nicht mit ihnen reis!

Anstatt dessen, sitz ich in meinem Haus.
Kurz alles vergessend,
schau ich verklärt lächelnd raus!

Nachlass

Ihr öffnet Eure Hände,
und schaut mich fragend an.
Die Blicke sprechen Bände:
'Was ich Euch geben kann?'

Mein Wirken und Streben,
hat Euch nichts gebracht.
Kann Euch nicht viel geben.
Hab zu oft nur gedacht!

Zu oft am Tag geträumt.
Zu oft geweint im Schlaf.
Viel hab ich auch versäumt,
weil ich die Zeit vergaß!

Was ich Euch geb, sind Worte.
Davon fand ich oft viel,
egal an welchem Orte,
egal mit welchem Ziel!

Das Einzige, was zählt,
wenn ich einst nicht mehr bin:
Wie oft ich mich gequält,
um dem zu geben Sinn!

So lest denn meine Sätze,
so nehmt Euch denn die Zeit.
Denn das ist wohl das letzte,
was von mir übrig bleibt.

Wieso

Oh Gott, warum ließt Du das zu?
Die Nacht war klar, der Mond sehr hell.
Darum fand ich auch keine Ruh.
Das Licht schien mir ins Auge grell.

Die gleiche Nacht, ein and'rer Ort.
Da schien das Kunstlicht kühl.
Da nahmst Du eine Seele fort.
Weil's Dir in dem Moment gefiel?

War es Erlösung oder Qual?
Ich glaube, beides ist der Tod.
Doch Du hattest keine Wahl.
Ich hoffe, dieser beglich Not.

In meinem Herzen lebst Du fort,
obwohl wir uns kaum kannten.
Da ist ein kleiner warmer Ort,
wo Seelen, die ich mochte, stranden.

Erinnerung

Geh ich einmal im Stillen,
dann denke stets daran,
dass ich in meinem Willen
nie alle Ruhe fand!

Dann leb ich in Dir weiter,
so lange Du mich kennst,
kämpf gegen alle Neider,
wenn Du meinen Namen nennst!

So lang Du Dich erinnerst,
wie schön es mit uns war,
Du meinen Schmerze linderst,
die Liebe offenbarst!

Weil Du an mich glaubtest,
mein ganzes Leben lang.
Du mir mein Herze raubtest,
als es nach Liebe sann!

Nun gehe ich ganz leise
den unbestimmten Weg,
auf wundersame Weise
betrete ich den Steg.

Er führt mich hin zum Lichte,
ins Totenreich hinauf.
Es drängt mich eine Dichte,
will zurück … und lauf.

Doch verschlossen ist das Ziel,
ich bleib für immer fort.
An uns denke ich viel,
hier am sich'ren Ort.

Ihn nennen alle 'Himmel',
doch wenn ich ehrlich bin,
ergibt für mich der Himmel,
ohne Dich keinen Sinn.

Dann ist er gleich der Trauer,
die langsam um sich greift.
Und zwischen uns die Mauer,
dass ich Dich nicht erreich!

Doch tief in Deinem Herzen,
da leb ich immerfort;
Vergessen all die Schmerzen –
Das ist der heil'ge Ort!

Danke

Wie Sonnenschein auf Wintereis
erhelltest Du dies Land.
An jedem Ort, den Du bereist',
wurde aus Steinen Sand!

Du brachtest Licht in viele Seelen –
durch Aufgeschlossenheit und Mut –
konntest Menschen ins Herz sehen –
nahmst ihnen Kummer, Schmerz und Wut.

Mit jedem Strahl vom Himmelszelt,
denk ich an Dich und danke Dir –
Zu früh verließt Du diese Welt –
Doch in den Herzen bleibst Du hier!

Gute Reise I

Du hieltst sie in den Armen –
wie Liebende sich wiegend –
strichst Du sie mit viel Charme –
kam bei Dir nie zum Liegen!

Die schönsten Melodien
und Klänge, die ich hörte!
Vergess ich sie doch nie! –
Da es mich oft betörte,

wenn Du begannst zu spielen –
auf wundersame Weise –
zog mich des Klanges Frieden
mit Dir auf eine Reise!

Wir ritten auf den Wellen
des Schalls – wurden nie müd!
Stürzten wie Wasserfälle
lustvoll in jedes Lied!

Musik – Deine Leidenschaft,
Dein Leben und Dein Glück!
Was Du auch immer angefasst,
wurde ein Meisterstück!

Zusammen – gabt Euch so viel Müh –
ward ein Genuss – zu dritt!
Du gingst von uns doch viel zu früh –
und Dein Lied? – Das nahmst Du mit!

Gute Reise II

Deinen letzten Weg
durfte ich begleiten.
Nun stehe ich am Steg
und denk an alte Zeiten.

Ein großes Schiff fuhr uns hinaus,
die Sonne schien blutrot.
Ich gab Dir einen Blumenstrauß
begleitend in den Tod.

Die Sonne sank – 's war wie Magie,
versank mit in den Wellen.
Als wollte wie zum Zeichen sie,
Dir Deinen Weg erhellen.

Ein Blumenmeer auf Deinem Haupt,
ließen wir alleine Dich.
Man hat uns einen Stern geraubt.
Den Stern – doch aber nicht sein Licht!

V.   Momentaufnahmen

Es gab einmal zwei Brüder,
die brauchten einander,
und brauchten auch nicht!
Sie trennten und vereinten sich wieder –
Ihre Namen waren 'Freude' und 'Pflicht'.

***

In des Lebens Jahren
kommen der Menschen viele daher.
Doch der Abschied von jenen die gehen,
wiegt tausendfach so schwer.

***

Man tanzt im Leben viele Tänze –
den einen bekümmert, den anderen froh.
Man trägt im Leben viele Kränze –
den einen aus Gold und viele aus Stroh.

***

Einst träumte ich vom Glück.
Träumte wie vom Wein.
Dann verließ mich mein Geschick.
Ich ließ das Träumen sein!

***

***

Jahre, die sie verbanden.
Gefühle, welche schwanden.
Das einzige was blieb?
Briefe, die man sich schrieb.

***

Ach, wie ist die Welt gemein.
Der hellste sollte mein Stern sein.
Doch was noch leuchtet ist die Glut.
Und nur die Glut – ist nicht genug.

***

Die Eine gar, die soll es sein,
für die Dein Herz entflammt?
Lass Dich nicht blenden von dem Schein!
's ist doch nur Mensch von Menschenhand.

***

Einmal hast Du gelitten,
und glaubst, Du kennst die Welt?
Einmal hast Du gestritten,
und meinst, dass sie Dir nicht gefällt?

***

Du glaubst, mein Innerstes zu kennen,
und mich beim rechten Namen nennen?
Du glaubst, dass die Fassade bricht?
Doch glaube mir, Du kennst mich nicht!

***

Glaub nicht, Du hast die Welt gesehen,
mit allen ihren Tücken.
Das ganze große Weltgeschehen,
erfasst man nicht in Stücken!

***

Relativ ist wohl das Leben.
Relativ auch Glück und Streben.
Relativ auch alt und frisch.
Und relativ bin ich für Dich!

***

Das sozial angehauchte Volk
fühlt zum Aufstand sich erweckt.
Tauscht weder gegen Geld noch Gold,
weil in R**EVOL**TE **LIEBE** steckt.

***

Versprich mir nicht den Himmel!
Beschwör mir nicht das Glück!
Sitzt noch nicht auf dem Schimmel –
' bekomm noch nichts zurück!

Erzähl mir nichts von Treue!
Von Weisheit sag kein Wort!
Verheiß mir nicht das Neue!
Lebst doch am alten Ort!

***

Keine Begrüßung und kein Ade.
Glaub nicht, dass würde schmerzen.
Es tut schon lange nicht mehr weh.
Schon lang nicht mehr im Herzen.

***

Es liegt in der Natur der Sache.
Und lässt sich wohl nie ganz vermeiden.
Egal, was immer ich auch mache –
Man wird mich grundlos d'rum beneiden.

***

***

Die Hände zittern,
Mein Herze friert.
Im Hirn Gewitter,
Das Auge rührt.

Rührt mich zu Tränen,
wohl versteckt.
Will mich nicht schämen,
hat doch keinen Zweck!

***

Ich hab gewartet – Stunden, Tage Wochen.
Ich hab gewartet – Glaubte Deinen Worten.

Ich hab gewartet – Ängste ausgestanden.
Ich hab gewartet – Nur Worte, die verbanden.

Ich hab gewartet – auf einen kleinen Beweis.
Ich hab gewartet – und drehte mich im Kreis!

***

***

Buch meiner Sinne.
Mein Herz hat Dich verraten.
Als es loszog, das Glück zu ergründen.
In dem verworrenen Labyrinth der Liebe.

Buch meines Verstandes.
Nun, da ich Dich in Händen halte,
wie zufällig, zwischen den Fingern –
Die Blätter wir Dornen mahnen.

Buch meines Lebens.
Ich spüre den Drang, Dich zu füllen,
Dir zu berichten.

Doch weiß ich wohl:
Es ist noch nicht die rechte Zeit.

Ich bin noch nicht ganz angekommen.

***